BEI GRIN MACHT SICH IHR WISSEN BEZAHLT

AF137938

- Wir veröffentlichen Ihre Hausarbeit,
  Bachelor- und Masterarbeit

- Ihr eigenes eBook und Buch -
  weltweit in allen wichtigen Shops

- Verdienen Sie an jedem Verkauf

Jetzt bei www.GRIN.com hochladen und kostenlos publizieren

Theoretische Grundlagen zur Anbindung eines Amazon Webshops an ein SAP ERP System über die SAP Cloud Platform Integration Schnittstelle

Alexander Kühn

Bibliografische Information der Deutschen Nationalbibliothek:

Die Deutsche Nationalbibliothek verzeichnet diese Publikation in der Deutschen Nationalbibliografie; detaillierte bibliografische Daten sind im Internet über http://dnb.d-nb.de abrufbar.

ISBN: 9783346573384
Dieses Buch ist auch als E-Book erhältlich.

Druck und Bindung: Books on Demand GmbH, Norderstedt Germany
Gedruckt auf säurefreiem Papier aus verantwortungsvollen Quellen

Das vorliegende Werk wurde sorgfältig erarbeitet. Dennoch übernehmen Autoren und Verlag für die Richtigkeit von Angaben, Hinweisen, Links und Ratschlägen sowie eventuelle Druckfehler keine Haftung.

Das Buch bei GRIN: https://www.grin.com/document/1165365

Inhaltsverzeichnis

Abbildungsverzeichnis

Abkürzungsverzeichnis

ABAP	Advanced Business Application Programming
API	Application Programming Interface
DDIC	Data Dictionary
FI	Financial Accounting
IDE	Integrated Development Environment
IPaaS	Integration Platform as a Service
MM	Materials Management
SAP CPI	SAP Cloud Platform Integration
SD	Sales and Distribution

1 Beschreibung der relevanten Struktur des SAP ERP Systems

Zu Beginn wird der Aufbau des zugrunde liegenden SAP ERP Systems erklärt, der sich in Module und Organisationseinheiten aufteilt. Vorab soll erwähnt werden, dass diese Liste an Modulen, Organisationseinheiten und Stamdaten keinen Anspruch auf Vollständigkeit erhebt. Im Produktivbetrieb eines SAP ERP Systems gibt es weitaus mehr Organisationseinheiten, Stamm- und Bewegungsdaten als in diesem Kapitel aufgeführt.

Es gilt grundsätzlich zu beachten, dass in einem SAP ERP System verschiedene Ebenen der Datenhaltung vorliegen. Diese lassen sich in Stamm- und Bewegungsdaten aufteilen.

Stammdaten

Stammdaten bezeichnen grundlegende Informationen über Produkte, Lieferanten, Kunden oder Mitarbeiter. Die zugehörigen Daten werden einmalig gespeichert und stehen allen Modulen im SAP ERP System zur Verfügung. Somit wird eine redundante Datenhaltung vermieden (vgl. Harmes, 2017). Konkrete Beispiele für Stammdaten sind Debitorenstammdaten und Materialstammsätze, die in den folgenden Kapiteln näher erläutert werden. Ein Stammsatz ist immer aus mehreren Sichten aufgebaut und unterteilt sich in allgemeine Sichten und modulbezogene Sichten. Die allgemeinen Sichten enthalten Daten, die für alle Module relevant sind, z.B. die Materialnummer eines Materials. Die modulbezogenen Sichten enthalten Daten, die nur für den jeweiligen Bereich interessant sind, z.B. die Einkaufsmengeneinheit.

Bewegungsdaten

Bewegungsdaten beziehen sich auf Stammdaten und fallen bei täglichen Geschäftsaktivitäten an (vgl. Kösegi und Nerding, 2005, S. 791). Ein Kundenauftrag repräsentiert Bewegungsdaten im Vertriebsprozess, da hier die Stammdaten Material und Kunde zusammengeführt werden, wenn ein Kunde ein bestimmtes Material über den Webshop bestellt. Bewegungsdaten sind zeitpunktorientiert, im Kundenauftrag wird z. B. das Auftragsdatum und der Materialpreis zum Bestellzeitpunkt angegeben.

1.1 Eingesetzte Module im SAP ERP System

Im SAP ERP System werden Aspekte aus unterschiedlichen betriebswirtschaftlichen Bereichen betrachtet, die sich in SAP ERP in separaten Modulen festlegen lassen. In dem Fall werden Elemente aus verschiedenen Modulen verwendet: Materials Management (MM), Sales and Distribution (SD) und SAP NetWeaver.

Materials Management: Materialwirtschaft in SAP ERP
"Zur Materialwirtschaft gehören vor allem die Bestandsführung, der Einkauf, die Bestandsbewertung und Rechnungsprüfung" (Scheibler und Maurer, 2010, S. 19).

Sales and Distribution: Vertriebsmodul in SAP ERP
"Im Vertrieb (Komponente SD, Sales and Distribution) wird der Verkauf (Angebote, Aufträge, Rahmenverträge), der Versand (Lieferung, Kommissionierung, Warenausgangsbuchung) sowie die Fakturierung der gelieferten Produkte vorgenommen" (Scheibler und Maurer, 2010, S. 19).

SAP NetWeaver
"SAP NetWeaver ist die offene Anwendungs- und Entwicklungsplattform von SAP. Sie bildet mit einer Laufzeitumgebung die technische Basis für die unterschiedlichen Applikationen" (Scheibler und Maurer, 2010, S. 639).

1.2 Aufbaustruktur der Organisationseinheiten

Begriffsdefinition Customizing
Die Aufbaustruktur des Unternehmens wird im Customizing festgelegt. Customizing bezeichnet die Anpassung der Standardsoftware SAP ERP an kundenindividuelle Anforderungen. Dies kann über die Parametrierung bereits ausgelieferter Einstellungen und per Adaption der Organisationseinheiten der individuellen Unternehmensstruktur erfolgen (vgl. Lackes und Siepermann, 2018). Dazu zählt auch die Optimierung der Standardprozesse auf Basis unternehmensspezifischer Arbeitsabläufe und Prozesse (vgl. Greiner, 2011, S. 27). Die Customizing-Transaktion heißt *"SPRO: Customizing-Projektbearbeitung"* und kann nur mit speziellen Berechtigungen aufgerufen werden (vgl. Scheibler und Maurer, 2010, S. 634).

Transaktionen und Transaktionscodes

Transaktionen in SAP ERP bestehen aus einer Folge von alphanumerischen Zeichen, die ein bestimmtes ABAP-Programm aufrufen (vgl. Kösegi und Nerding, 2005, S. 794). Advanced Business Application Programming (ABAP) ist die Programmiersprache von SAP.

Definition der Organisationseinheiten

Organisationseinheiten bilden die Aufbaustruktur eines Unternehmens in SAP ERP ab. Ein Großteil der Einstellungen ist abhängig von den Organisationseinheiten. Durch die Abbildung der Organisationseinheiten im Customizing wird der unternehmensabhängige Ablauf der Prozesse in der SAP ERP Anwendung differenziert dargestellt (vgl. Scheibler und Maurer, 2010, S. 638). Die Aufbaustruktur der Organisationseinheiten wirkt sich zudem auf die Gestaltung des Rechnungswesens aus, weil sowohl die Finanzbuchhaltung als auch die Ergebnisrechnung sind abhängig von den in den Einstellungen definierten Organisationseinheiten (vgl. Scheibler und Maurer, 2010, S. 21). Anders ausgedrückt fassen Organisationseinheiten den Unternehmensaufbau auf unterschiedlichen Ebenen zusammen.

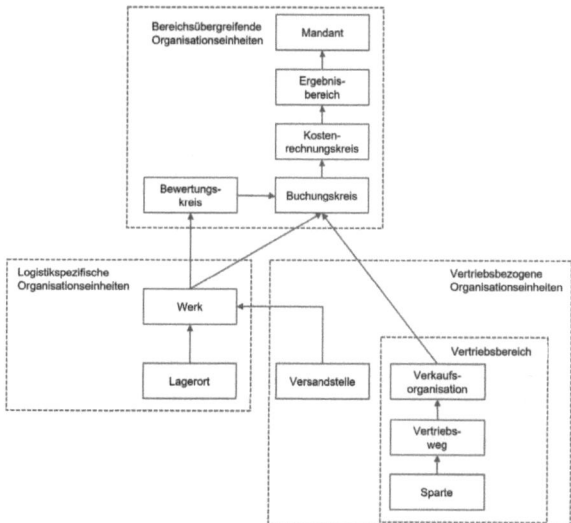

Abb. 1.1 Ausschnitt Organisationseinheiten im SAP ERP System, Quelle: eigene Darstellung auf Basis des eingesetzten Systems

Abbildung 1.1 zeigt die interne Aufbaustruktur der Organisationseinheiten in SAP ERP und welche untergeordneten Informationen hierarchisch nach oben zusammengefasst werden. Die einzelnen Bestandteile werden im Folgenden erklärt.

1.3 Bereichsübergreifende Organisationseinheiten

Als bereichsübergreifende Organisationseinheiten werden Elemente der Aufbaustruktur bezeichnet, die sich in Abbildung 1.1 im oberen Teil der Darstellung befinden. Zu den bereichsübergreifenden Organisationseinheiten zählen:

- Mandant

- Ergebnisbereich

- Kostenrechnungskreis

- Buchungskreis

- Bewertungskreis

Mandant
Der Mandant ist hierarchisch betrachtet das oberste Element der Aufbaustruktur und repräsentiert die Firma, in der das SAP ERP System eingesetzt wird. Der Mandant stellt eine handelsrechtlich, organisatorisch und datentechnisch getrennte Instanz innerhalb eines SAP ERP Systems mit separaten Stamm- und Bewegungsdaten in getrennten Tabellen dar. Der Mandant wird über einen numerischen Schlüssel eindeutig identifiziert (vgl. Greiner, 2011, S. 25). Ein SAP ERP System kann aus einem oder mehreren Mandanten bestehen (vgl. Scheibler und Maurer, 2010, S. 637).

Ergebnisbereich
Der Ergebnisbereich wird in der Ergebnis- und Marktsegmentrechnung verwendet. Dafür ist die Zuordnung der Kostenrechnungskreise zum Ergebnisbereich notwendig. Im Ergebnisbereich erfolgt auf Basis der zugeordneten Kostenrechnungskreise die Betriebsergebnisrechnung zur Ermittlung des Betriebsergebnisses (vgl. Scheibler und Maurer, 2010, S. 28).

Kostenrechnungskreis
Der Kostenrechnungskreis ist die zentrale Organsiationseinheit für das Controlling im Unternehmen und wird für das interne Rechnungswesen eingesetzt. Der Kostenrechnungskreis bildet damit die Basis für die Kostenrechnung in SAP. Die zugehörigen Stammdaten umfassen Kosten- und Leistungsarten sowie Kostenstellen und Profit-Center (vgl. Greiner, 2011, ab S. 109). Dazu wird dem Kostenrechnungskreis ein Buchungskreis zugeordnet, auf Basis dessen aus dem externen Rechnungswesen Daten in das interne Rechnungswesen übernommen werden (vgl. Scheibler und Maurer, 2010, S. 28).

Buchungskreis
Der Buchungskreis ist das buchhalterische Gegenstück zum Kostenrechnungskreis und stellt das externe Rechnungswesen inklusive einer vollständigen und in sich abgeschlossenen Finanzbuchhaltung eines Unternehmens dar. Auf dieser Ebene wird die Bilanz und Gewinn- und Verlust-Rechnung erstellt. Dazu werden buchungspflichtige Ereignisse anhand von Belegen erfasst (vgl. Greiner, 2011, ab S. 100).

Bewertungskreis

Der Bewertungskreis ist als Organisationseinheit für die Bestandsbewertung der Materialien notwendig. In der Regel ist der Bewertungskreis genau einem Werk zugeordnet und ein Werk ist genau einem Bewertungskreis zugeordnet (vgl. Greiner, 2011, S. 119).

1.4 Vertriebsbezogene Organisationseinheiten

Im Gegensatz zu den bereichsübergreifenden Organisationseinheiten gibt es in SAP ERP auch bereichsspezifische Organisationseinheiten zur Darstellung der Aufbaustruktur einzelner Unternehmensbereiche. Aus dem Vertriebsmodul SD werden folgende vertriebsbezogene Organisationseinheiten vorgestellt:

- Vertriebsbereich
  - Verkaufsorganisation
  - Vertriebsweg
  - Sparte
- Versandstelle

Vertriebsbereich

"Der Vertriebsbereich ist kein separates Organisationselement. Ein Vertriebsbereich wird gebildet aus den zwingend erforderlichen Organisationseinheiten der betriebswirtschaftlichen Anwendung Vertrieb und aus einem allgemeinen Feld im Materialstamm" (Greiner, 2011, ab S. 123). Die drei Organisationseinheiten werden in den Customizing-Einstellungen zunächst getrennt gepflegt und in der Zuordnung zu einem Vertriebsbereich verknüpft (vgl. Scheibler und Maurer, 2010, S. 24). Die Verbindung aus der Verkaufsorganisation, dem Vertriebsweg und der Sparte wird häufig zur Preisfindung eingesetzt (vgl. Greiner, 2011, ab S. 123).

Verkaufsorganisation

In der Unternehmensstruktur des Vertriebs ist die Verkaufsorganisation die oberste Organisationseinheit und stellt ein wichtiges Selektionskriterium für Lieferungen, Fakturen und Verkaufsbelege dar. Die jeweiligen Positionen eines Vertriebsbeleges sind genau einer Verkaufsorganisation zugeordnet (vgl. Greiner, 2011, ab S. 121). Jede Verkaufsorganisation ist organisatorisch betrachet genau einem Buchungskreis zugeordnet. Einem Buchungskreis können mehrere Verkaufsorganisationen zugeordnet werden (vgl. Scheibler und Maurer, 2010, S. 25).

Vertriebsweg

Der Vertriebsweg stellt die Vertriebsabwicklung dar. Dazu werden unterschiedliche Absatzkanäle über separate Vertriebswege abgebildet. Der Vertriebsweg beschreibt also den Weg, wie Waren und Dienstleistungen an Kunden vertrieben werden. Großhandel, Einzelhandel, Industriekunden oder Direktvertrieb sind beispielhafte Vertriebswege (vgl. Scheibler und Maurer, 2010, S. 25). Die Positionen von Kundenaufträgen und Fakturen sind genau einem Vertriebsweg zugeordnet (vgl. Greiner, 2011, ab S. 122).

Sparte

Die Sparte stellt eine Produktlinie für verkaufsfähige Produkte und Dienstleistungen dar und fasst somit Materialien mit ähnlichen Eigenschaften zusammen (vgl. Scheibler und Maurer, 2010, S. 25). Mit der Sparte können Materialien im Vertrieb hinsichtlich Zuständigkeiten zusammengefasst werden. Für die Definition des Vertriebsbereichs wird mindestens eine Sparte benötigt. Die Sparte wird über einen zweistelligen alphanumerischen Schlüssel und eine eindeutige Bezeichnung innerhalb des Mandanten identifiziert (vgl. Greiner, 2011, ab S. 120).

Versandstelle

In der Versandstelle finden physische Versandaktivitäten wie Kommissionierung, Versanddisposition, Verpacken, Verladen und der Transport statt. Lieferbelege werden systemtechnisch immer für eine Versandstelle erfasst und von dieser bearbeitet (vgl. Scheibler und Maurer, 2010, S. 27).

1.5 Vertriebsbezogene Stammdaten

Debitoren

Debitoren sind Geschäftspartner, die betriebswirtschaftlich als Kunden beschrieben werden und gegenüber denen Kundenforderungen für gelieferte Materialien oder Dienstleistungen bestehen. Die Begriffe Kundenbuchhaltung, Verkaufsbuchhaltung und Debitorenbuchhaltung sind als Synonyme zu verstehen. Die Debitorenbuchhaltung ist Teil der Nebenbuchhaltung und erfasst alle Buchungen, die mit Debitoren in Verbindung stehen (vgl. Felsch et al., 2013, S. 177).

Debitorenstamm

Der Debitorenstamm mit den Debitorenstammdaten ist vor allem für den Vertriebsbereich notwendig. Von Vertrieb und Finanzbuchhaltung werden unterschiedliche Sichten in einem zentralen Debitorenstammsatz gepflegt (vgl. Scheibler und Maurer, 2010, ab S. 34).

2 Der Vertriebsprozess in SAP ERP

Die Abwicklung von Kundenaufträgen über einen Webshop ist aus betriebswirtschaftlicher Sicht Teil des Vertriebsprozesses, dessen Belegstruktur und Ablauf in diesem Unterkapitel erklärt wird.

Belegstruktur

Die Belegstruktur unterteilt die grundsätzliche Struktur eines Beleges. In SAP ERP bestehen alle Verkaufsbelege (Anfragen, Angebote, Aufträge, Rahmenverträge) aus folgenden Bereichen:

- Auftragskopf: enthält Informationen für den gesamten Auftrag, z. B. Auftragsnummer, Kundennummer, Bestellnummer und Zahlungsbedingung

- Positionsebene: legt bestellte Materialien und Dienstleistungen fest, z. B. die Materialnummer, Menge, Lieferdatum, Preis und Konditionen

- Einteilung: teilt die Positionen in unterschiedliche Bereiche ein, falls pro Material z. B. unterschiedliche Liefertermine oder Lieferorte vergeben werden

Diese Unterteilung gilt allerdings nur bei Verkaufsbelegen. Für Versand- und Fakturabelege werden nur Kopf- und Positionsdaten eingesetzt (vgl. Scheibler und Maurer, 2010, ab S. 241).

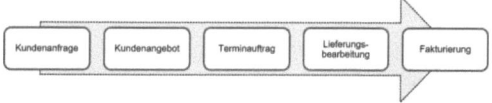

Abb. 2.1 Vertriebsprozess in SAP ERP, Quelle: eigene Darstellung auf Basis von Scheibler und Maurer, 2010, S. 254

Standard-Vertriebsprozess in SAP ERP

Abbildung 2.1 zeigt den standardmäßigen Ablauf eines Vertriebsprozesses in SAP ERP. Dieser umfasst folgende Schritte, die genauer erläutert werden:

1. Kundenanfrage

2. Kundenangebot

3. Terminauftrag

4. Lieferungsbearbeitung

5. Fakturierung (vgl. Scheibler und Maurer, 2010, ab S. 254).

Schritt 1: Kundenanfrage

Mit der Kundenanfrage beginnt der Vertriebsprozess. Dazu wird ein Vertriebsbeleg mit der Art "Anfrage" erstellt und der Vertriebsbereich und die Kundennummer erfasst (vgl. Scheibler und Maurer, 2010, ab S. 254).

Schritt 2: Kundenangebot

Der zweite Schritt dient zur Definition eines neuen Status im Gesamtprozess. Wird zur Kundenanfrage aus Schritt 1 ein Kundenangebot erfasst, so wird die Anfrage mit dem Angebot verknüpft und auf Status "erledigt" gesetzt (vgl. Scheibler und Maurer, 2010, S. 256).

Schritt 3: Terminauftrag

Der Terminauftrag ist eine konkrete Art des Kundenauftrags. Ein Kundenauftrag stellt eine vertragliche Vereinbarung zwischen Auftraggeber und Auftragnehmer über die Lieferung von Materialien oder die Erbringung von Dienstleistungen dar (vgl. Kaspareit, 2019). Im Terminauftrag ist es möglich, Daten aus vorgelagerten Prozessen (Kundenanfrage und Kundenangebot) zu übernehmen. Spätestens an dieser Stelle muss im Vertriebsprozess der Auftraggeber eindeutig anhand der Debitorennummer erfasst werden. Der Terminauftrag enthält alle notwendigen Informationen auf Kopf- und Positionsebene, um den Kundenauftrag durchzuführen (vgl. Scheibler und Maurer, 2010, S. 256)

Schritt 4: Lieferungsbearbeitung

Die Lieferungsbearbeitung besteht aus vier Teilprozessschritten:

1. Erstellung des Lieferbelegs: Ein neuer Lieferbeleg für den Kundenauftrag wird erstellt und an die Versandabteilung übermittelt, um die Lieferung vorzubereiten.

2. Kommissionierung der Lieferung: Die bestellte Ware wird auf Basis des Lieferbelegs aus dem Lager geholt und verpackt.

3. Erstellung der Lieferpapiere: Zu den Lieferpapieren zählen der Lieferschein, Lieferavise, Qualitätszeugnisse und Packscheine sowie Sicherheitsdatenblätter. Diese müssen der Lieferung der Waren beigelegt werden, um gesetzliche Bestimmungen einzuhalten.

4. Warenausgangsbuchung: Über die Warenausgangsbuchung wird das verschickte Material aus dem Bestand ausgebucht und als Bestandsfortschreibung in die Materialwirtschaft (zur Überwachung der Lagerbestände mit möglicher Nachbestellung) und Finanzbuchhaltung (zur Bewertung des Materials in der Inventur) übertragen (vgl. Scheibler und Maurer, 2010, S. 258)

Schritt 5: Fakturierung

Im Teilprozess der Fakturierung erfolgt die Rechnungsstellung an den jeweiligen Debitor und die Zahlungsabwicklung. Der Ausgleich der durch den Kundenauftrag entstandenen offenen Posten kann durch einen Zahlungseingang erfolgen. Dieser bildet den Abschluss des Verkaufsprozesses und wird im Modul Financial Accounting (FI) durchgeführt.

Nach erfolgreicher Durchführung dieser fünf Schritte ist der Vertriebsprozess abgeschlossen, wobei unterschiedliche Vertriebsbelege entstanden sind, die über den Belegfluss im System abgebildet werden.

Belegfluss

In den einzelnen Schritten des Vertriebsprozesses entstehen verschiedene Belege, die im Belegfluss zusammengefasst werden. Der Belegfluss zeigt die Reihenfolge aller Belege eines Prozesses. Im Vertriebsbeleg werden zuerst Angebote gefolgt von Kundenaufträgen und Lieferungen sowie Fakturen abgebildet (vgl. Scheibler und Maurer, 2010, ab S. 633).

2.1 Konditionstechnik in SAP ERP

In Schritt 3 des Vertriebsprozesses aus der Abbildung 2.1 erfolgt die Preisfindung, indem der Kundenauftrag angelegt und als buchhalterisches Element in die SAP ERP-internen Werteflüsse erfasst wird. Um den Preis für die Materialien festzulegen wird die Konditionstechnik verwendet.

Konditionstechnik

Die Konditionstechnik ist ein konfigurierbares Werkzeug und optimal einsetzbar, Zugriffe auf Stammdaten im SAP ERP System zu finden. Zu diesen Findungsaufgaben zählt die Preisfindung um Preise für Materialien im Kundenauftrag des Vertriebsprozesses festzulegen (vgl. Hirn und Herhuth, 2012, S. 31).

Konditionstabelle

Eine Konditionstabelle ermöglicht die Ablage der Konditionsstammdaten in einer generierten Struktur als Data Dictionary (DDIC) auf der Datenbank des SAP ERP Systems (vgl. Hirn und Herhuth, 2012, S. 44).

Konditionsstammdaten

Konditionsstammdaten stellen das Ergebnis der Konditionstechnik dar und werden in den Konditionstabellen definiert. Die Konditionen werden per Zugriffsfolge gefunden und zugeordnet (vgl. Hirn und Herhuth, 2012, S. 57).

Konditionsart

Konditionsarten steuern den Ablauf der Preisfindung (vgl. Scheibler und Maurer, 2010, S. 48). Jede Konditionsart wird durch verschiedene Eigenschaften definiert:

- Konditionsklasse und Konditionstyp: legt fest, ob es sich um einen Preis, einen Zu- oder Abschlag, einen Verrechnungspreis, eine Steuer oder eine nachträgliche Vergütung (Bonus) handelt.

- Rechenregel: ermittelt, ob der Wert der Konditionsart als prozentualer Wert abhängig von einer anderen Kondition ist, über einen Zwischenwert zu bestimmen ist oder ob es sich um einen festen Betrag (wie z. B. einen Preis) handelt.

- Rundungsregel: über die Rundungsregel wird definiert, ob auf- oder abgerundet werden soll.

- Änderungskennzeichen: definiert auf- oder absteigende Preisstaffeln, die einen mengen- oder wertabhängigen Stückpreis darstellen (vgl. Scheibler und Maurer, 2010, S. 48).

Konditionssatz

Der Konditionssatz beschreibt die Eigenschaften der Konditionsarten, die über die Konditionstechnik gefunden werden. Für den Vertriebsbeleg relevante Daten wie Preise und prozentuale Zu- und Abschläge werden für die im Kundenauftrag erfassten Positionen festgelegt (vgl. Hölzlwimmer, 2016, S. 186), (vgl. Scheibler und Maurer, 2010, ab S. 49).

2.2 Preisfindung in SAP ERP

Aufbauend auf die Konditionstechnik soll im folgenden Unterkapitel die Preisfindung näher definiert werden. Die Preisfindung stellt einen speziellen Anwendungsfall der Konditionstechnik dar. Weitere Anwendungsfälle der Konditionstechnik sind die Nachrichten- oder Positionstypenfindung.

Preisfindung

Die Preisfindung ermöglicht die automatische Ermittlung von Konditionen für Vertriebsbelege, um Preise, Zu- und Abschläge, Rabatte, Gebühren und Steuern im Kalkulationsschema abzubilden. Das ist essenziell für die korrekte Übermittlung der Werte aus den Aufträgen und Fakturen in die angrenzenden Unternehmensfunktionen wie Debitorenbuchhaltung und Ergebnisrechnung. In der Debitorenbuchhaltung muss jeder fakturierte Kundenauftrag auf den richtigen Konten verbucht werden (vgl. Scheibler und Maurer, 2010, ab S. 41).

Zugriffsfolge

Die Zugriffsfolge ist eine automatisierte Suchstrategie zur Preisfindung innerhalb der Konditionstechnik (vgl. Hirn und Herhuth, 2012, ab S. 48). Die Zugriffsfolge ermöglicht die automatische Ermittlung der Konditionssätze für Konditionsarten aus Vertriebsbelegen. Einer Zugriffsfolge werden mehrere Zugriffe zugeordnet, die jeweils aus einzelnen Konditionstabellen mit Zugriffsfeldern bestehen (vgl. Scheibler und Maurer, 2010, ab S. 48). Die Priorität der Konditionssätze legt die Reihenfolge der Zugriffe untereinander fest. Die Zugriffsfolgen sind *mandantenunabhängig* (vgl. Hirn und Herhuth, 2012, ab S. 48).

2.3 Das Kalkulationsschema in SAP ERP

Kernthema dieser Abschlussarbeit ist die Optimierung des SAP ERP Kalkulationsschemas, um alle durch Webshop-Verkäufe entstehenden Zusatzkosten bei Auftragserteilung unmittelbar transparent darstellen zu können. Das in SAP ERP verwendete Kalkulationsschema ist die Basis zur Darstellung aller Kosten und Übermittlung in das Controlling. Das SAP ERP stellt mit dem Kalkulationsschema ein breit gefächertes Spektrum an Optionen für unterschiedliche Preiskonfigurationen bereit. Um das richtige Kalkulationsschema zu ermitteln, wird die Schemaermittlung festgelegt.

Schemaermittlung

Die Schemaermittlung ist signifikanter Bestandteil der Preisfindung, um das richtige Kalkulations-schema für den Vertriebsbeleg zu ermitteln. Dazu wird jeder Auftragsart ein Belegschema und jedem Kunden im Kundenstamm ein Kundenschema zugeordnet. Die Schemaermittlung wird im Customizing festgelegt und zusätzlich durch den Vertriebsbereich gesteuert (vgl. Scheibler und Maurer, 2010, ab S. 44).

Kalkulationsschema

Das Kalkulationsschema in SAP ERP enthält alle Konditionsarten in der Reihenfolge, in der sie aufgerufen werden (vgl. Scheibler und Maurer, 2010, S. 636). Das Kalkulationsschema bildet den Rahmen zur Preisfindung und stellt die Logik der Verkaufspreiskalkulation dar (vgl. Scheibler und Maurer, 2010, ab S. 44). Aus dieser Sicht betrachtet, stellt das Kalkulationsschema die Verbindung zum betriebswirtschaftlichen Vorgang her. Durch die Bedingungen der Konditionsarten werden die Preise für die Verkaufspreiskalkulation ermittelt (vgl. Hirn und Herhuth, 2012, S. 62). Zudem ist es möglich, mehrere Kalkulationsschemata im selben SAP ERP System parallel zur Preisfindung einzusetzen (vgl. Hölzlwimmer, 2016, S. 185). Durch unterschiedliche Zugriffsfolgen wird festgelegt, welches Kalkulationsschema für den jeweiligen Vertriebsbeleg verwendet wird. Dies ermöglicht die Durchführung von unterschiedlichen Ausprägungen im Vertriebsprozess. Folgende Einstellungen werden innerhalb des Kalkulationsschemas pro Zeile festgelegt:

- Obligatorische Konditionen: Sind diese verpflichtenden Konditionen im Vertriebsbeleg nicht vorhanden, erscheint eine Fehlermeldung.

- Druck: Dieses Feld legt fest, ob der Wert der Kondition im Beleg gedruckt werden soll und beschreibt somit die Transparenz der Kostenbestandteile der Verkaufspreiskalkulation für den Kunden.

- Manuelle Konditionen: legt fest, ob die Kondition automatisch ermittelt wird oder vom Anwender verändert werden darf.

- Bedingung: Es wird gesteuert, unter welchen Bedingungen eine Kondition im Vertriebsbeleg relevant ist.

- Kontoschlüssel: Gibt die Erlös- und Rückstellungskonten der Kondition in der Finanzbuchhaltung von SAP ERP an (vgl. Scheibler und Maurer, 2010, ab S. 44).

3 Die SAP Cloud Platform Integration

Zur Anbindung eines Webshops an ein SAP ERP System bietet die SAP ERP AG eine Cloud Schnittstelle. Diese Schnittstelle wird im folgenden Kapitel beschrieben und in der prototypischen Entwicklung eingesetzt, um per SAP Cloud Platform Integration (SAP CPI) das bestehende SAP ERP System mit dem Webshop zu verbinden und so die notwendigen Informationen zur transparenten Darstellung der Kostenströme bei Webshop-Verkäufen zu übermitteln.

Definition der SAP CPI

"Die SAP Cloud Platform Integration (SAP CPI) ist ein zentraler Konnektor zwischen SAP ERP HANA Cloud- und anderen Cloud- und On-Premise-Lösungen" (vgl. Deobald, 2019). Mit Hilfe vordefinierter Integrationspakete können so über die SAP CPI unterschiedliche Dienste angebunden werden. Die Integrationspakete enthalten Schnittstellenbeschreibungen, Mappings und konfigurierbare Adapter, die allesamt den administrativen Aufwand der Programmintegration stark reduzieren (vgl. Deobald, 2019). Um allen datenschutzrechtlichen Anforderungen der Integrations- und Auslagerungsprozesse in der Cloud gerecht zu werden, sind umfangreiche Schutz- und Sicherheitsmechanismen implementiert, die vor Datenmissbrauch schützen sollen. Die SAP CPI treibt somit die digitale Transformation von Unternehmens- und Geschäftsprozessen voran, weil komplizierte Einführungen von neuen Technologien durch viele Integrationsmöglichkeiten deutlich einfacher als bisher gestaltet werden können (vgl. Deobald, 2019).

Das zentrale Cockpit

Das zentrale Cockpit der SAP CPI bietet Anwendern die Möglichkeit, integrierte Umgebungen einheitlich verwalten zu können. Das Cockpit besteht aus einer webbasierten Benutzeroberfläche und stellt Administratoren Funktionen für die Konfiguration und Verwaltung von Anwendungen bereit. Außerdem lassen sich verschiedene Apps und Services an die SAP CPI anbinden. Das Service-Angebot des zentralen Cockpits umfasst:

- Dokumentenmanagement
- Application Programming Interface (API)-Management
- Workflows
- SAP ERP Web Integrated Development Environment (IDE)
- Identitätsverwaltung (vgl. Lordieck, 2019).

Alle Services werden über Webschnittstellen in On-Premise oder Cloud-Landschaften der SAP ERP Anwendungen integriert (vgl. Lordieck, 2019).

Funktionsweise der SAP CPI

Die SAP reagiert mit der SAP CPI auf die durch Cloud-Anwendungen immer komplexer werdenden Systemlandschaften, indem eine Vielzahl an separaten Konnektivitätsoptionen zur Integration von Cloud- und On-Premise-Lösungen angeboten werden. Die SAP CPI gehört als Integration Platform as a Service (IPaaS) zum Standard der SAP Cloud Platform. Die Cloud Platform ermöglicht sowohl Prozess- als auch Datenintegration über Systemgrenzen hinweg. Darüber hinaus werden vordefinierte Integrationspakete zur Verfügung gestellt, welche vordefinierte Logiken zu Schnittstellenbeschreibungen, Definitionen von Szenarien sowie Mappings und Adapterkonfigurationen enthalten. Das minimiert den Arbeitsaufwand von Unternehmen und verringert das Risiko von Sicherheitslücken eigener Integrationen (vgl. Biermann, 2017).

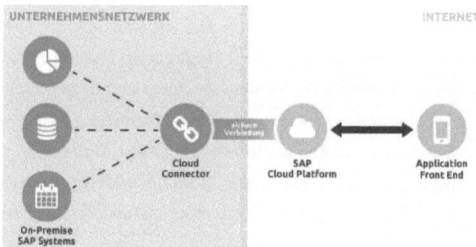

Abb. 3.1 Funktionsweise SAP Cloud Connector, Quelle: vgl. Lordieck, 2019

Der SAP Cloud Connector

Wie Abbildung 3.1 zeigt, stellt der SAP Cloud Connector eine sichere Verbindung zwischen On-Premise-Systemen aus dem internen Unternehmensnetzwerk und der SAP ERP Cloud Platform im Internet her. Die Cloud Platform kann durch die sichere Verbindung in Echtzeit auf Daten aus dem SAP ERP System zugreifen. Der Zugriff auf einzelne Services muss explizit freigegeben werden. In Kombination mit einem geprüften Berechtigungskonzept entsteht so hohe Sicherheit. Um den SAP Cloud Connector verwenden zu können, installieren SAP ERP-Entwickler den SAP Cloud Connector auf dem lokalen SAP ERP Server und registrieren ihn danach in der SAP ERP Cloud Platform (vgl. Lordieck, 2019).

4 Definition von Webshops

Dieses Unterkapitel beschäftigt sich mit der Begriffsdefinition eines Web- bzw. Online-Shops über den der Vertriebsprozess in SAP ERP initial angestoßen wird.

Begriffsdefinition eines Webshops

Webshops bzw. Online Shops werden auch als Electronic Shops bezeichnet und ermöglichen die elektronische Initialisierung der Anbahnung und Abwicklung von Verkäufen über das Internet. Auf der zugehörigen Plattform präsentieren Anbieter die Waren und Dienstleistungen um so dem Kunden ein umfassendes Warenangebot zu unterbreiten. Der Aufwand und die Kosten der Produktsuche werden so auf Nachfrageseite verringert, weil mehr Produkte auf einer Plattform zur Verfügung stehen. Nach der Vereinbarungsphase erfolgt der Vertragsabschluss und in der anschließenden Abwicklungsphase kann per Track and Tracing die Statusmeldung der Versendung an den Kunden weitergegeben werden. Electronic Shops gehören zum breiten Feld des Electronic-Businesses, indem die digitale Abwicklung des Transaktionsprozesses zwischen Anbieter und Nachfrager unterstützt wird. Die Transaktionen bestehen aus dem Austausch von Leistungserbringung und Zahlungsverpflichtung (vgl. Lackes et al., 2018).

Literatur

Biermann, I. (2017). SAP Cloud Platform Integration: Funktionsweise, Vorteile und Implementierung [aufgerufen am 05.05.2021]. https://mindsquare.de/knowhow/sap-cloud-platform-integration/

Deobald, S. (2019). SAP Cloud Platform Integration [aufgerufen am 05.05.2021]. https://compamind. de/knowhow/sap-cloud-platform-integration/

Felsch, S., Frühbauer, R., Krohn, J., Kurtenbach, S., Müller, J. & Rupp, M. (2013). *Kompetenz Industrie* (5. Auflage). Verlag Europa-Lehrmittel.

Greiner, E. (2011). *SAP-Materialwirtschaft-Customizing* (1. Auflage). Galileo Press.

Harmes, T. (2017). SAP Master Data Management [aufgerufen am 10.06.2021]. https://mindsquare.de/ knowhow/sap-master-data-management/

Hirn, M. & Herhuth, W. (2012). *Preisfindung und Konditionstechnik in SAP ERP* (1. Auflage, korrigierter Nachdruck 2012). Galileo Press.

Hölzlwimmer, A. (2016). *Integrierte Werteflüsse mit SAP ERP* (3. aktualisierte und erweiterte Auflage). Rheinwerk Verlag.

Kaspareit, J.-C. (2019). SAP Auftrag [aufgerufen am 18.07.2021]. https://mind-logistik.de/knowhow/ sap-auftrag/#definition-auftrag

Kösegi, A. & Nerding, R. (2005). *SAP Änderungs- und Transportmanagement* (2., aktualisierte und erweiterte Auflage). Rheinwerk Verlag.

Lackes, R., Siepermann, C. & Kollmann, T. (2018). Definition Electronic Shop [aufgerufen am 05.05.2021]. https://wirtschaftslexikon.gabler.de/definition/electronic-shop-36299/version-259756

Lackes, R. & Siepermann, M. (2018). Definition Customizing [aufgerufen am 05.05.2021]. https: //wirtschaftslexikon.gabler.de/definition/customizing-29255/version-252868

Lordieck, C. (2019). SAP Cloud Platform [aufgerufen am 05.05.2021]. https://erlebe-software.de/ knowhow/sap-cloud-platform/

Scheibler, J. & Maurer, T. (2010). *Praxishandbuch: Vertrieb mit SAP* (3. aktualisierte und erweiterte Auflage, korrigierter Nachdruck 2012). Galileo Press.